I0500128

ISBN:1548374156
ISBN-13: 978-1548374150

Business Password Log

BUSINESS NAME:

_____

WEBSITE:

USERNAME: _____

PASSWORD: _____

EMAIL: _____

SECURITY QUEASTION 1: _____

ANSWER: _____

SECURITY QUEASTION 2: _____

ANSWER: _____

SECURITY QUEASTION 3: _____

ANSWER: _____

Notes: _____
_____
_____

WEBSITE: Changed on: __/__/20__

USERNAME: _____

PASSWORD: _____

EMAIL: _____

SECURITY QUEASTION 1: _____

ANSWER: _____

SECURITY QUEASTION 2: _____

ANSWER: _____

SECURITY QUEASTION 3: _____

ANSWER: _____

Notes: _____
_____
_____

WEBSITE:

USERNAME: _____

PASSWORD: _____

EMAIL: _____

SECURITY QUEASTION 1: _____

ANSWER: _____

SECURITY QUEASTION 2: _____

ANSWER: _____

SECURITY QUEASTION 3: _____

ANSWER: _____

Notes: _____
_____
_____

WEBSITE: Changed on: __/__/20__

USERNAME: _____

PASSWORD: _____

EMAIL: _____

SECURITY QUEASTION 1: _____

ANSWER: _____

SECURITY QUEASTION 2: _____

ANSWER: _____

SECURITY QUEASTION 3: _____

ANSWER: _____

Notes: _____
_____
_____

WEBSITE: _____

USERNAME: _____

PASSWORD: _____

EMAIL: _____

SECURITY QUEASTION 1: _____

ANSWER: _____

SECURITY QUEASTION 2: _____

ANSWER: _____

SECURITY QUEASTION 3: _____

ANSWER: _____

Notes:_____

_____

_____

WEBSITE: _____ Changed on:__ / __ /20__

USERNAME: _____

PASSWORD: _____

EMAIL: _____

SECURITY QUEASTION 1: _____

ANSWER: _____

SECURITY QUEASTION 2: _____

ANSWER: _____

SECURITY QUEASTION 3: _____

ANSWER: _____

Notes:_____

_____

_____

WEBSITE:

USERNAME: _____

PASSWORD: _____

EMAIL: _____

SECURITY QUEASTION 1: _____

ANSWER: _____

SECURITY QUEASTION 2: _____

ANSWER: _____

SECURITY QUEASTION 3: _____

ANSWER: _____

Notes:_____

_____

_____

WEBSITE: Changed on:__/__/20__

USERNAME: _____

PASSWORD: _____

EMAIL: _____

SECURITY QUEASTION 1: _____

ANSWER: _____

SECURITY QUEASTION 2: _____

ANSWER: _____

SECURITY QUEASTION 3: _____

ANSWER: _____

Notes:_____

_____

_____

WEBSITE:

USERNAME: _____

PASSWORD: _____

EMAIL: _____

SECURITY QUEASTION 1: _____

ANSWER: _____

SECURITY QUEASTION 2: _____

ANSWER: _____

SECURITY QUEASTION 3: _____

ANSWER: _____

Notes:_____
_____
_____

WEBSITE: Changed on: __/__/20__

USERNAME: _____

PASSWORD: _____

EMAIL: _____

SECURITY QUEASTION 1: _____

ANSWER: _____

SECURITY QUEASTION 2: _____

ANSWER: _____

SECURITY QUEASTION 3: _____

ANSWER: _____

Notes:_____
_____
_____

WEBSITE:

USERNAME: _____

PASSWORD: _____

EMAIL: _____

SECURITY QUEASTION 1: _____

ANSWER: _____

SECURITY QUEASTION 2: _____

ANSWER: _____

SECURITY QUEASTION 3: _____

ANSWER: _____

Notes: _____

_____

_____

WEBSITE: Changed on: __/__/20__

USERNAME: _____

PASSWORD: _____

EMAIL: _____

SECURITY QUEASTION 1: _____

ANSWER: _____

SECURITY QUEASTION 2: _____

ANSWER: _____

SECURITY QUEASTION 3: _____

ANSWER: _____

Notes: _____

_____

_____

WEBSITE:

USERNAME: _____

PASSWORD: _____

EMAIL: _____

SECURITY QUEASTION 1: _____

ANSWER: _____

SECURITY QUEASTION 2: _____

ANSWER: _____

SECURITY QUEASTION 3: _____

ANSWER: _____

Notes:_____

_____

_____

WEBSITE: Changed on:__/__/20__

USERNAME: _____

PASSWORD: _____

EMAIL: _____

SECURITY QUEASTION 1: _____

ANSWER: _____

SECURITY QUEASTION 2: _____

ANSWER: _____

SECURITY QUEASTION 3: _____

ANSWER: _____

Notes:_____

_____

_____

WEBSITE:

USERNAME: _____

PASSWORD: _____

EMAIL: _____

SECURITY QUEASTION 1: _____

ANSWER: _____

SECURITY QUEASTION 2: _____

ANSWER: _____

SECURITY QUEASTION 3: _____

ANSWER: _____

Notes:_____
_____
_____

WEBSITE:

Changed on:__/__/20__

USERNAME: _____

PASSWORD: _____

EMAIL: _____

SECURITY QUEASTION 1: _____

ANSWER: _____

SECURITY QUEASTION 2: _____

ANSWER: _____

SECURITY QUEASTION 3: _____

ANSWER: _____

Notes:_____
_____
_____

WEBSITE:

USERNAME: _____

PASSWORD: _____

EMAIL: _____

SECURITY QUEASTION 1: _____

ANSWER: _____

SECURITY QUEASTION 2: _____

ANSWER: _____

SECURITY QUEASTION 3: _____

ANSWER: _____

Notes:_____
_____
_____

WEBSITE: Changed on:___/___/20___

USERNAME: _____

PASSWORD: _____

EMAIL: _____

SECURITY QUEASTION 1: _____

ANSWER: _____

SECURITY QUEASTION 2: _____

ANSWER: _____

SECURITY QUEASTION 3: _____

ANSWER: _____

Notes:_____
_____
_____

WEBSITE:

USERNAME: _____

PASSWORD: _____

EMAIL: _____

SECURITY QUEASTION 1: _____

ANSWER: _____

SECURITY QUEASTION 2: _____

ANSWER: _____

SECURITY QUEASTION 3: _____

ANSWER: _____

Notes:_____

_____

_____

WEBSITE: Changed on:__/__/20__

USERNAME: _____

PASSWORD: _____

EMAIL: _____

SECURITY QUEASTION 1: _____

ANSWER: _____

SECURITY QUEASTION 2: _____

ANSWER: _____

SECURITY QUEASTION 3: _____

ANSWER: _____

Notes:_____

_____

_____

WEBSITE:

USERNAME: _____

PASSWORD: _____

EMAIL: _____

SECURITY QUEASTION 1: _____

ANSWER: _____

SECURITY QUEASTION 2: _____

ANSWER: _____

SECURITY QUEASTION 3: _____

ANSWER: _____

Notes:_____
_____
_____

WEBSITE: Changed on:__/__/20__

USERNAME: _____

PASSWORD: _____

EMAIL: _____

SECURITY QUEASTION 1: _____

ANSWER: _____

SECURITY QUEASTION 2: _____

ANSWER: _____

SECURITY QUEASTION 3: _____

ANSWER: _____

Notes:_____
_____
_____

WEBSITE: _____

USERNAME: _____

PASSWORD: _____

EMAIL: _____

SECURITY QUEASTION 1: _____

ANSWER: _____

SECURITY QUEASTION 2: _____

ANSWER: _____

SECURITY QUEASTION 3: _____

ANSWER: _____

Notes: _____

_____

_____

WEBSITE: _____ Changed on: __/__/20__

USERNAME: _____

PASSWORD: _____

EMAIL: _____

SECURITY QUEASTION 1: _____

ANSWER: _____

SECURITY QUEASTION 2: _____

ANSWER: _____

SECURITY QUEASTION 3: _____

ANSWER: _____

Notes: _____

_____

_____

WEBSITE:

USERNAME: _____

PASSWORD: _____

EMAIL: _____

SECURITY QUEASTION 1: _____

ANSWER: _____

SECURITY QUEASTION 2: _____

ANSWER: _____

SECURITY QUEASTION 3: _____

ANSWER: _____

Notes: _____

_____

_____

WEBSITE:

Changed on: __ / __ /20__

USERNAME: _____

PASSWORD: _____

EMAIL: _____

SECURITY QUEASTION 1: _____

ANSWER: _____

SECURITY QUEASTION 2: _____

ANSWER: _____

SECURITY QUEASTION 3: _____

ANSWER: _____

Notes: _____

_____

_____

WEBSITE:

USERNAME: _____

PASSWORD: _____

EMAIL: _____

SECURITY QUEASTION 1: _____

ANSWER: _____

SECURITY QUEASTION 2: _____

ANSWER: _____

SECURITY QUEASTION 3: _____

ANSWER: _____

Notes:_____
_____
_____

WEBSITE: Changed on: __/__/20__

USERNAME: _____

PASSWORD: _____

EMAIL: _____

SECURITY QUEASTION 1: _____

ANSWER: _____

SECURITY QUEASTION 2: _____

ANSWER: _____

SECURITY QUEASTION 3: _____

ANSWER: _____

Notes:_____
_____
_____

WEBSITE:

USERNAME: _____

PASSWORD: _____

EMAIL: _____

SECURITY QUEASTION 1: _____

ANSWER: _____

SECURITY QUEASTION 2: _____

ANSWER: _____

SECURITY QUEASTION 3: _____

ANSWER: _____

Notes:_____
_____
_____

WEBSITE: Changed on:__/__/20__

USERNAME: _____

PASSWORD: _____

EMAIL: _____

SECURITY QUEASTION 1: _____

ANSWER: _____

SECURITY QUEASTION 2: _____

ANSWER: _____

SECURITY QUEASTION 3: _____

ANSWER: _____

Notes:_____
_____
_____

WEBSITE:

USERNAME: _____

PASSWORD: _____

EMAIL: _____

SECURITY QUEASTION 1: _____

ANSWER: _____

SECURITY QUEASTION 2: _____

ANSWER: _____

SECURITY QUEASTION 3: _____

ANSWER: _____

Notes:_____
_____
_____

WEBSITE: Changed on:__/__/20__

USERNAME: _____

PASSWORD: _____

EMAIL: _____

SECURITY QUEASTION 1: _____

ANSWER: _____

SECURITY QUEASTION 2: _____

ANSWER: _____

SECURITY QUEASTION 3: _____

ANSWER: _____

Notes:_____
_____
_____

WEBSITE:

USERNAME: _____

PASSWORD: _____

EMAIL: _____

SECURITY QUEASTION 1: _____

ANSWER: _____

SECURITY QUEASTION 2: _____

ANSWER: _____

SECURITY QUEASTION 3: _____

ANSWER: _____

Notes:_____
_____
_____

WEBSITE: Changed on:__/__/20__

USERNAME: _____

PASSWORD: _____

EMAIL: _____

SECURITY QUEASTION 1: _____

ANSWER: _____

SECURITY QUEASTION 2: _____

ANSWER: _____

SECURITY QUEASTION 3: _____

ANSWER: _____

Notes:_____
_____
_____

WEBSITE:

USERNAME: _____
PASSWORD: _____
EMAIL: _____
SECURITY QUEASTION 1: _____
ANSWER: _____
SECURITY QUEASTION 2: _____
ANSWER: _____
SECURITY QUEASTION 3: _____
ANSWER: _____

Notes:_____
_____
_____

WEBSITE: Changed on:__/__/20__

USERNAME: _____
PASSWORD: _____
EMAIL: _____
SECURITY QUEASTION 1: _____
ANSWER: _____
SECURITY QUEASTION 2: _____
ANSWER: _____
SECURITY QUEASTION 3: _____
ANSWER: _____

Notes:_____
_____
_____

WEBSITE:

USERNAME: _____

PASSWORD: _____

EMAIL: _____

SECURITY QUEASTION 1: _____

ANSWER: _____

SECURITY QUEASTION 2: _____

ANSWER: _____

SECURITY QUEASTION 3: _____

ANSWER: _____

Notes:_____
_____
_____

WEBSITE: Changed on:__/__/20__

USERNAME: _____

PASSWORD: _____

EMAIL: _____

SECURITY QUEASTION 1: _____

ANSWER: _____

SECURITY QUEASTION 2: _____

ANSWER: _____

SECURITY QUEASTION 3: _____

ANSWER: _____

Notes:_____
_____
_____

WEBSITE:

USERNAME: _____

PASSWORD: _____

EMAIL: _____

SECURITY QUEASTION 1: _____

ANSWER: _____

SECURITY QUEASTION 2: _____

ANSWER: _____

SECURITY QUEASTION 3: _____

ANSWER: _____

Notes:_____
_____
_____

WEBSITE: Changed on: _/_/20_

USERNAME: _____

PASSWORD: _____

EMAIL: _____

SECURITY QUEASTION 1: _____

ANSWER: _____

SECURITY QUEASTION 2: _____

ANSWER: _____

SECURITY QUEASTION 3: _____

ANSWER: _____

Notes:_____
_____
_____

WEBSITE:

USERNAME: _____
PASSWORD: _____
EMAIL: _____
SECURITY QUEASTION 1: _____
ANSWER: _____
SECURITY QUEASTION 2: _____
ANSWER: _____
SECURITY QUEASTION 3: _____
ANSWER: _____

Notes:_____
_____
_____

WEBSITE: Changed on:__/__/20__

USERNAME: _____
PASSWORD: _____
EMAIL: _____
SECURITY QUEASTION 1: _____
ANSWER: _____
SECURITY QUEASTION 2: _____
ANSWER: _____
SECURITY QUEASTION 3: _____
ANSWER: _____

Notes:_____
_____
_____

WEBSITE:

USERNAME: _____

PASSWORD: _____

EMAIL: _____

SECURITY QUEASTION 1: _____

ANSWER: _____

SECURITY QUEASTION 2: _____

ANSWER: _____

SECURITY QUEASTION 3: _____

ANSWER: _____

Notes:_____

_____

_____

WEBSITE: Changed on:__/__/20__

USERNAME: _____

PASSWORD: _____

EMAIL: _____

SECURITY QUEASTION 1: _____

ANSWER: _____

SECURITY QUEASTION 2: _____

ANSWER: _____

SECURITY QUEASTION 3: _____

ANSWER: _____

Notes:_____

_____

_____

WEBSITE:

USERNAME: _____

PASSWORD: _____

EMAIL: _____

SECURITY QUEASTION 1: _____

ANSWER: _____

SECURITY QUEASTION 2: _____

ANSWER: _____

SECURITY QUEASTION 3: _____

ANSWER: _____

Notes: _____
_____
_____

WEBSITE: Changed on: _/_/20_

USERNAME: _____

PASSWORD: _____

EMAIL: _____

SECURITY QUEASTION 1: _____

ANSWER: _____

SECURITY QUEASTION 2: _____

ANSWER: _____

SECURITY QUEASTION 3: _____

ANSWER: _____

Notes: _____
_____
_____

WEBSITE:

USERNAME: _____

PASSWORD: _____

EMAIL: _____

SECURITY QUEASTION 1: _____

ANSWER: _____

SECURITY QUEASTION 2: _____

ANSWER: _____

SECURITY QUEASTION 3: _____

ANSWER: _____

Notes:_____
_____
_____

WEBSITE: Changed on:__/__/20__

USERNAME: _____

PASSWORD: _____

EMAIL: _____

SECURITY QUEASTION 1: _____

ANSWER: _____

SECURITY QUEASTION 2: _____

ANSWER: _____

SECURITY QUEASTION 3: _____

ANSWER: _____

Notes:_____
_____
_____

WEBSITE:

USERNAME: _____

PASSWORD: _____

EMAIL: _____

SECURITY QUEASTION 1: _____

ANSWER: _____

SECURITY QUEASTION 2: _____

ANSWER: _____

SECURITY QUEASTION 3: _____

ANSWER: _____

Notes: _____
_____
_____

WEBSITE:

Changed on: __ / __ /20 __

USERNAME: _____

PASSWORD: _____

EMAIL: _____

SECURITY QUEASTION 1: _____

ANSWER: _____

SECURITY QUEASTION 2: _____

ANSWER: _____

SECURITY QUEASTION 3: _____

ANSWER: _____

Notes: _____
_____
_____

WEBSITE:

USERNAME: _____

PASSWORD: _____

EMAIL: _____

SECURITY QUEASTION 1: _____

ANSWER: _____

SECURITY QUEASTION 2: _____

ANSWER: _____

SECURITY QUEASTION 3: _____

ANSWER: _____

Notes:_____
_____
_____

WEBSITE: Changed on:__/__/20__

USERNAME: _____

PASSWORD: _____

EMAIL: _____

SECURITY QUEASTION 1: _____

ANSWER: _____

SECURITY QUEASTION 2: _____

ANSWER: _____

SECURITY QUEASTION 3: _____

ANSWER: _____

Notes:_____
_____
_____

WEBSITE:

USERNAME: _____

PASSWORD: _____

EMAIL: _____

SECURITY QUEASTION 1: _____

ANSWER: _____

SECURITY QUEASTION 2: _____

ANSWER: _____

SECURITY QUEASTION 3: _____

ANSWER: _____

Notes:_____
_____
_____

WEBSITE: Changed on:__/__/20__

USERNAME: _____

PASSWORD: _____

EMAIL: _____

SECURITY QUEASTION 1: _____

ANSWER: _____

SECURITY QUEASTION 2: _____

ANSWER: _____

SECURITY QUEASTION 3: _____

ANSWER: _____

Notes:_____
_____
_____

WEBSITE:

USERNAME: _____

PASSWORD: _____

EMAIL: _____

SECURITY QUEASTION 1: _____

ANSWER: _____

SECURITY QUEASTION 2: _____

ANSWER: _____

SECURITY QUEASTION 3: _____

ANSWER: _____

Notes:_____

_____

_____

WEBSITE: Changed on:__ /__ /20__

USERNAME: _____

PASSWORD: _____

EMAIL: _____

SECURITY QUEASTION 1: _____

ANSWER: _____

SECURITY QUEASTION 2: _____

ANSWER: _____

SECURITY QUEASTION 3: _____

ANSWER: _____

Notes:_____

_____

_____

WEBSITE: _____

USERNAME: _____
PASSWORD: _____
EMAIL: _____
SECURITY QUEASTION 1: _____
ANSWER: _____
SECURITY QUEASTION 2: _____
ANSWER: _____
SECURITY QUEASTION 3: _____
ANSWER: _____

Notes:_____
_____
_____

WEBSITE: _____   Changed on:__/__/20__

USERNAME: _____
PASSWORD: _____
EMAIL: _____
SECURITY QUEASTION 1: _____
ANSWER: _____
SECURITY QUEASTION 2: _____
ANSWER: _____
SECURITY QUEASTION 3: _____
ANSWER: _____

Notes:_____
_____
_____

WEBSITE:

USERNAME: _____

PASSWORD: _____

EMAIL: _____

SECURITY QUEASTION 1: _____

ANSWER: _____

SECURITY QUEASTION 2: _____

ANSWER: _____

SECURITY QUEASTION 3: _____

ANSWER: _____

Notes:_____

_____

_____

WEBSITE: Changed on:__/__/20__

USERNAME: _____

PASSWORD: _____

EMAIL: _____

SECURITY QUEASTION 1: _____

ANSWER: _____

SECURITY QUEASTION 2: _____

ANSWER: _____

SECURITY QUEASTION 3: _____

ANSWER: _____

Notes:_____

_____

_____

WEBSITE:

USERNAME: _____

PASSWORD: _____

EMAIL: _____

SECURITY QUEASTION 1: _____

ANSWER: _____

SECURITY QUEASTION 2: _____

ANSWER: _____

SECURITY QUEASTION 3: _____

ANSWER: _____

Notes:_____

_____

_____

WEBSITE: Changed on:__ / __/20__

USERNAME: _____

PASSWORD: _____

EMAIL: _____

SECURITY QUEASTION 1: _____

ANSWER: _____

SECURITY QUEASTION 2: _____

ANSWER: _____

SECURITY QUEASTION 3: _____

ANSWER: _____

Notes:_____

_____

_____

WEBSITE:

USERNAME: _____

PASSWORD: _____

EMAIL: _____

SECURITY QUEASTION 1: _____

ANSWER: _____

SECURITY QUEASTION 2: _____

ANSWER: _____

SECURITY QUEASTION 3: _____

ANSWER: _____

Notes:_____
_____
_____

WEBSITE: Changed on:__/__/20__

USERNAME: _____

PASSWORD: _____

EMAIL: _____

SECURITY QUEASTION 1: _____

ANSWER: _____

SECURITY QUEASTION 2: _____

ANSWER: _____

SECURITY QUEASTION 3: _____

ANSWER: _____

Notes:_____
_____
_____

WEBSITE:

USERNAME: _____

PASSWORD: _____

EMAIL: _____

SECURITY QUEASTION 1: _____

ANSWER: _____

SECURITY QUEASTION 2: _____

ANSWER: _____

SECURITY QUEASTION 3: _____

ANSWER: _____

Notes:_____
_____
_____

WEBSITE: Changed on:__/__/20__

USERNAME: _____

PASSWORD: _____

EMAIL: _____

SECURITY QUEASTION 1: _____

ANSWER: _____

SECURITY QUEASTION 2: _____

ANSWER: _____

SECURITY QUEASTION 3: _____

ANSWER: _____

Notes:_____
_____
_____

WEBSITE:

USERNAME: _____

PASSWORD: _____

EMAIL: _____

SECURITY QUEASTION 1: _____

ANSWER: _____

SECURITY QUEASTION 2: _____

ANSWER: _____

SECURITY QUEASTION 3: _____

ANSWER: _____

Notes:_____
_____
_____

WEBSITE: Changed on:__/__/20__

USERNAME: _____

PASSWORD: _____

EMAIL: _____

SECURITY QUEASTION 1: _____

ANSWER: _____

SECURITY QUEASTION 2: _____

ANSWER: _____

SECURITY QUEASTION 3: _____

ANSWER: _____

Notes:_____
_____
_____

WEBSITE: _____

USERNAME: _____
PASSWORD: _____
EMAIL: _____
SECURITY QUEASTION 1: _____
ANSWER: _____
SECURITY QUEASTION 2: _____
ANSWER: _____
SECURITY QUEASTION 3: _____
ANSWER: _____

Notes: _____
_____
_____

WEBSITE: _____ Changed on:__/__/20__

USERNAME: _____
PASSWORD: _____
EMAIL: _____
SECURITY QUEASTION 1: _____
ANSWER: _____
SECURITY QUEASTION 2: _____
ANSWER: _____
SECURITY QUEASTION 3: _____
ANSWER: _____

Notes: _____
_____
_____

WEBSITE:

USERNAME: _____

PASSWORD: _____

EMAIL: _____

SECURITY QUEASTION 1: _____

ANSWER: _____

SECURITY QUEASTION 2: _____

ANSWER: _____

SECURITY QUEASTION 3: _____

ANSWER: _____

Notes: _____

_____

_____

WEBSITE: Changed on: _ / _ /20_

USERNAME: _____

PASSWORD: _____

EMAIL: _____

SECURITY QUEASTION 1: _____

ANSWER: _____

SECURITY QUEASTION 2: _____

ANSWER: _____

SECURITY QUEASTION 3: _____

ANSWER: _____

Notes: _____

_____

_____

WEBSITE:

USERNAME: _____

PASSWORD: _____

EMAIL: _____

SECURITY QUEASTION 1: _____

ANSWER: _____

SECURITY QUEASTION 2: _____

ANSWER: _____

SECURITY QUEASTION 3: _____

ANSWER: _____

Notes:_____

_____

_____

WEBSITE: Changed on:__/__/20__

USERNAME: _____

PASSWORD: _____

EMAIL: _____

SECURITY QUEASTION 1: _____

ANSWER: _____

SECURITY QUEASTION 2: _____

ANSWER: _____

SECURITY QUEASTION 3: _____

ANSWER: _____

Notes:_____

_____

_____

WEBSITE:

USERNAME: _____

PASSWORD: _____

EMAIL: _____

SECURITY QUEASTION 1: _____

ANSWER: _____

SECURITY QUEASTION 2: _____

ANSWER: _____

SECURITY QUEASTION 3: _____

ANSWER: _____

Notes:_____

_____

_____

WEBSITE: Changed on:__/__/20__

USERNAME: _____

PASSWORD: _____

EMAIL: _____

SECURITY QUEASTION 1: _____

ANSWER: _____

SECURITY QUEASTION 2: _____

ANSWER: _____

SECURITY QUEASTION 3: _____

ANSWER: _____

Notes:_____

_____

_____

WEBSITE:

USERNAME: _____

PASSWORD: _____

EMAIL: _____

SECURITY QUEASTION 1: _____

ANSWER: _____

SECURITY QUEASTION 2: _____

ANSWER: _____

SECURITY QUEASTION 3: _____

ANSWER: _____

Notes:_____

_____

_____

WEBSITE: Changed on:__/__/20__

USERNAME: _____

PASSWORD: _____

EMAIL: _____

SECURITY QUEASTION 1: _____

ANSWER: _____

SECURITY QUEASTION 2: _____

ANSWER: _____

SECURITY QUEASTION 3: _____

ANSWER: _____

Notes:_____

_____

_____

WEBSITE: _____

USERNAME: _____

PASSWORD: _____

EMAIL: _____

SECURITY QUEASTION 1: _____

ANSWER: _____

SECURITY QUEASTION 2: _____

ANSWER: _____

SECURITY QUEASTION 3: _____

ANSWER: _____

Notes:_____

_____

_____

WEBSITE: _____ Changed on:__/__/20__

USERNAME: _____

PASSWORD: _____

EMAIL: _____

SECURITY QUEASTION 1: _____

ANSWER: _____

SECURITY QUEASTION 2: _____

ANSWER: _____

SECURITY QUEASTION 3: _____

ANSWER: _____

Notes:_____

_____

_____

WEBSITE:

USERNAME: _____

PASSWORD: _____

EMAIL: _____

SECURITY QUEASTION 1: _____

ANSWER: _____

SECURITY QUEASTION 2: _____

ANSWER: _____

SECURITY QUEASTION 3: _____

ANSWER: _____

Notes:_____
_____
_____

WEBSITE: Changed on:__/__/20__

USERNAME: _____

PASSWORD: _____

EMAIL: _____

SECURITY QUEASTION 1: _____

ANSWER: _____

SECURITY QUEASTION 2: _____

ANSWER: _____

SECURITY QUEASTION 3: _____

ANSWER: _____

Notes:_____
_____
_____

WEBSITE:

USERNAME: _____

PASSWORD: _____

EMAIL: _____

SECURITY QUEASTION 1: _____

ANSWER: _____

SECURITY QUEASTION 2: _____

ANSWER: _____

SECURITY QUEASTION 3: _____

ANSWER: _____

Notes:_____
_____
_____

WEBSITE: Changed on:__/__/20__

USERNAME: _____

PASSWORD: _____

EMAIL: _____

SECURITY QUEASTION 1: _____

ANSWER: _____

SECURITY QUEASTION 2: _____

ANSWER: _____

SECURITY QUEASTION 3: _____

ANSWER: _____

Notes:_____
_____
_____

WEBSITE: _____

USERNAME: _____

PASSWORD: _____

EMAIL: _____

SECURITY QUEASTION 1: _____

ANSWER: _____

SECURITY QUEASTION 2: _____

ANSWER: _____

SECURITY QUEASTION 3: _____

ANSWER: _____

Notes: _____

_____

_____

WEBSITE: _____   Changed on:__/__/20__

USERNAME: _____

PASSWORD: _____

EMAIL: _____

SECURITY QUEASTION 1: _____

ANSWER: _____

SECURITY QUEASTION 2: _____

ANSWER: _____

SECURITY QUEASTION 3: _____

ANSWER: _____

Notes: _____

_____

_____

WEBSITE:

USERNAME: _____
PASSWORD: _____
EMAIL: _____
SECURITY QUEASTION 1: _____
ANSWER: _____
SECURITY QUEASTION 2: _____
ANSWER: _____
SECURITY QUEASTION 3: _____
ANSWER: _____

Notes:_____
_____
_____

WEBSITE: Changed on:__/__/20__

USERNAME: _____
PASSWORD: _____
EMAIL: _____
SECURITY QUEASTION 1: _____
ANSWER: _____
SECURITY QUEASTION 2: _____
ANSWER: _____
SECURITY QUEASTION 3: _____
ANSWER: _____

Notes:_____
_____
_____

WEBSITE:

USERNAME: _____

PASSWORD: _____

EMAIL: _____

SECURITY QUEASTION 1: _____

ANSWER: _____

SECURITY QUEASTION 2: _____

ANSWER: _____

SECURITY QUEASTION 3: _____

ANSWER: _____

Notes:_____
_____
_____

WEBSITE: Changed on:__/__/20__

USERNAME: _____

PASSWORD: _____

EMAIL: _____

SECURITY QUEASTION 1: _____

ANSWER: _____

SECURITY QUEASTION 2: _____

ANSWER: _____

SECURITY QUEASTION 3: _____

ANSWER: _____

Notes:_____
_____
_____

WEBSITE:

USERNAME: _____

PASSWORD: _____

EMAIL: _____

SECURITY QUEASTION 1: _____

ANSWER: _____

SECURITY QUEASTION 2: _____

ANSWER: _____

SECURITY QUEASTION 3: _____

ANSWER: _____

Notes:_____

_____

_____

WEBSITE: Changed on:__/__/20__

USERNAME: _____

PASSWORD: _____

EMAIL: _____

SECURITY QUEASTION 1: _____

ANSWER: _____

SECURITY QUEASTION 2: _____

ANSWER: _____

SECURITY QUEASTION 3: _____

ANSWER: _____

Notes:_____

_____

_____

WEBSITE:

USERNAME: _____

PASSWORD: _____

EMAIL: _____

SECURITY QUEASTION 1: _____

ANSWER: _____

SECURITY QUEASTION 2: _____

ANSWER: _____

SECURITY QUEASTION 3: _____

ANSWER: _____

Notes:_____

_____

_____

WEBSITE: Changed on:__/__/20__

USERNAME: _____

PASSWORD: _____

EMAIL: _____

SECURITY QUEASTION 1: _____

ANSWER: _____

SECURITY QUEASTION 2: _____

ANSWER: _____

SECURITY QUEASTION 3: _____

ANSWER: _____

Notes:_____

_____

_____

WEBSITE:

USERNAME: _____

PASSWORD: _____

EMAIL: _____

SECURITY QUEASTION 1: _____

ANSWER: _____

SECURITY QUEASTION 2: _____

ANSWER: _____

SECURITY QUEASTION 3: _____

ANSWER: _____

Notes:_____
_____
_____

WEBSITE: Changed on: _/_/20_

USERNAME: _____

PASSWORD: _____

EMAIL: _____

SECURITY QUEASTION 1: _____

ANSWER: _____

SECURITY QUEASTION 2: _____

ANSWER: _____

SECURITY QUEASTION 3: _____

ANSWER: _____

Notes:_____
_____
_____

1